Människan och Naturen

Samtal med Sri Mata Amritanandamayi

Mata Amritanandamayi Center, San Ramon
Kalifornien, Amerika

Människan och naturen
Samtal med Sri Mata Amritanandamayi

Publicerad av:
Mata Amritanandamayi Center
P.O. Box 613
San Ramon, CA 94583
Amerika

——————*Man and Nature (Swedish)*——————

Copyright © 2000 Mata Amritanandamayi Mission Trust, Amritapuri, Kerala 690546, India

Enligt lagen om upphovsrätten får ingen del av denna publikation arkiveras eller sparas i något system, överföras, reproduceras, transkriberas eller översättas till något språk, i någon form, på något sätt utan förhandsgodkännande och skriftligt tillstånd från förlaget. Utom när det gäller citat i recensioner etc.

Första svenska upplagan ab MA Center: 2016

I Sverige: www.amma.se
  Facebook: Amma Sverige

I Indien:
  www.amritapuri.org
  inform@amritapuri.org

Förord

Livet lär oss att erfarenhet är den bästa formen av undervisning. Verkliga Lärare är de som väcker upp den kunskap som redan finns inom oss och som påminner oss om följande: Att veta något och ändå inte göra något åt det, är detsamma som att inte veta. Ammas eget sätt att förvandla vår kunskap till handling kommer sig av Hennes kärleksfulla påminnelse om att "Religion är något som skall levas."

Religion är ett försök att utplåna vår felaktiga uppfattning om egot och att avlägsna känslan av dualitet i våra liv, denna konstgjorda åtskillnad mellan egot och allting annat. Samma egokänsla hindrar oss från att hysa medkänsla för andra människor, därför att vi felaktigt tror oss vara åtskilda från dem, och tillåter oss också att förstöra vår miljö, därför att vi inte inser att vi är en del av den. De flesta människor agerar fortfarande som om de tror att miljön finns någonstans långt borta i skogarna eller bland bergen, snarare än att den finns på platsen där vi bor och att vi själva är miljön. Amma säger: "Att förneka Guds existens är att förneka sin egen existens." Detta gäller också för naturen som är Gud i synlig form. Många tror att människan är ämnad att besegra naturen, och genom att försöka göra detta har vi blivit vår egen värsta fiende. Vi är en del av naturen. Naturens fortsatta möjlighet att skydda oss och ge näring, beror på vår förmåga att återställa balansen i vår relation till jorden och alla hennes varelser.

Ammas ord är en uppmaning att uppväcka osjälviskheten som stilla slumrar inom oss alla. Naturen ropar också. Dess rop har blivit allt starkare den sista tiden, allteftersom människorna förstör mer och mer av jordens möjlighet till förnyelse. Att vara del av naturen innebär att vi själva också är miljön. Vi måste börja inse att jordens behov är exakt desamma som våra egna behov.

Det finns ingenting att tillägga i Ammas utläggning om naturen och om vår roll på den här planeten. Att förneka naturen förminskar vår egen ande och vår möjlighet till frihet. Den stillhet som vi söker inom oss är samma stillhet som fortfarande finns i skogarna, i haven och på bergstopparna. På samma sätt som vi måste koncentrera oss på och sträva efter att lugna vårt inre kaos och finna ro, måste vi också handla för att avhjälpa den skada som vi har tillfogat naturen. Att tjäna vår jord och hennes varelser, är lika mycket att tjäna

Gud som någon annan form av tjänande. Låt oss förnya vår tro genom att tjäna vår jord.

—Sam La Budde
Director, Endangered Species Project
(Projekt för utrotningshotade arter),
Island Institute, San Francisco, CA, Förenta staterna

Innehåll

Vad finns det för samband mellan människan och naturen?
8

Vilken roll spelar religionen i förhållandet mellan människan och naturen? 10

Vad är yajna? Hur tillämpligt är det i vår moderna tid? 14

Vad orsakade brytningen i relationen mellan naturen och människorna? 24

Hur är det möjligt att i religionens namn rättfärdiga offer av djur? 33

Är inte modern vetenskap, som tar fram fakta om naturen, mer önskvärd än en religion som sprider gudsfruktan hos människor? 35

Varför förblir Indien ett fattigt land trots dess andliga överlägsenhet? Är andlighet ett hinder för materiellt välstånd? 48

Hur allvarliga är miljöproblemen? 51

Håller människan på att bli ett hot mot livet på jorden? 58

Är det nödvändigt att lägga större vikt vid människans behov än vid naturens? 61

Vilka åtgärder kan man vidta i samhället för att förhindra ödeläggelse av djur och natur? 62

Är skogarna en absolut nödvändig del av jorden? 64

Vad finns det för samband mellan andliga övningar och att skydda naturen? 65

Är det tillrådligt att ta kontakt med andliga mästare istället för att vi försöker lösa de nuvarande problemen själva, utan hjälp? 70

Människan och Naturen

Det som här följer är Ammas svar på frågor om miljön som har framförts till henne av Sam La Budde, en ledande miljövårdare i USA.

Vad finns det för samband mellan människan och naturen?

Amma: Människans existens är inte skild från naturen. Hon är en del av naturen. Människans existens på jorden beror på naturen. Sanningen är att det är inte vi som skyddar naturen—det är naturen som skyddar oss. Träd och växter till exempel är absolut nödvändiga för att rena den vitala livsenergin. Alla vet att människor inte kan leva i en öken. Anledningen är att det inte finns några träd där som kan rena livsenergin. Om atmosfären inte renas kommer människornas hälsa att försämras. Det kommer att förkorta deras liv, ge olika sjukdomar och dålig syn eller till och med blindhet. Våra liv är ofrånkomligt beroende av naturen. Även en liten förändring i naturen kommer att påverka våra liv på denna planet. På liknande sätt påverkas naturen av människans tankar och handlingar. Om balansen i naturen går förlorad, förloras också harmonin i människornas liv och vice versa.

Det enda som förenar en människa med naturen är hennes medfödda inneboende oskyldighet. När vi ser en regnbåge eller havets vågor, känner vi då fortfarande ett barns oskyldiga glädje? En vuxen som upplever att en regnbåge inte är annat än ljusvågor, känner inte till den glädje och förundran som ett barn upplever när det ser en regnbåge eller tittar på havets vågor.

Att tro på Gud är det bästa sättet att bevara människans barnliga oskyldighet. Den människa som har tro och gudshängivenhet, vilket i sin tur härstammar från hennes medfödda oskyldighet, ser Gud i allting, i varje träd och djur och hos allt i naturen. Denna inställning gör det möjligt för henne att leva i fullständig harmoni och samklang med naturen. Den oupphörliga ström av kärlek som flödar från en sant troende till hela skapelsen har en mildrande, lugnande inverkan på naturen. Denna kärlek är det bästa skyddet för naturen.

Det är när vår själviskhet ökar som vi börjar förlora vår oskyldighet. Då blir människan främmande för naturen och börjar utnyttja den. Människan förstår inte vilket fruktansvärt hot mot naturen hon har blivit. Genom att skada naturen, banar hon vägen för sin egen undergång.

Allteftersom människans intellekt och vetenskapliga kunskap växer får hon inte glömma sitt hjärtas känslor. Dessa känslor gör det möjligt för henne att leva i samklang med naturen och dess grundläggande lagar.

Vilken roll spelar religionen i förhållandet mellan människan och naturen?

Amma: Det är religionen som hjälper en människa att bibehålla medvetenheten om att han eller hon inte är skild från naturen. Utan religion

förlorar mänskligheten denna medvetenhet. Religionen lär oss att älska naturen. Sanningen är att människans framsteg och välstånd endast beror på det goda hon gör för naturen. Religionen hjälper till att upprätthålla harmoniska relationer mellan människor, mellan individen och samhället och mellan människan och naturen. Förhållandet mellan människan och naturen är som förhållandet mellan mikrokosmos och makrokosmos. Våra framstående förfäder förstod detta. Det var därför de lade så stor vikt vid att dyrka naturen i religionsutövandet. Tanken bakom all religionsutövning var att föra människorna närmare naturen. Genom att etablera en kärleksfull relation mellan människan och naturen, säkerställde de både balansen i naturen och mänsklighetens framåtskridande.

Se på ett träd. Det ger skugga även åt den som håller på att hugga ner det. Det ger söta, härliga frukter även till den som skadar det. Men vår attityd är helt annorlunda. När vi planterar ett träd eller föder upp ett djur bryr vi oss endast om den vinst vi kan få ut av det. Om djuret upphör att ge vinst, avlivar vi det utan dröjsmål. Så fort kon slutar ge mjölk, säljer vi henne till slaktaren för att tjäna pengar. Om ett träd slutar ge frukt, hugger vi ner det och gör möbler eller något annat av det. Självviskheten är allenarådande. Osjälvisk kärlek går inte att finna någonstans. Men våra förfäder var inte sådana. De visste att träd, växter och djur var absolut nödvändiga för människans hälsa och välstånd. De förutsåg att människan i sina själviska stunder skulle glömma naturen och upphöra att ha någon omtanke om den. De visste också att framtida generationer skulle få lida på grund av att människan avlägsnat sig från naturen. Därför sammankopplade de alla religiösa ceremonier med naturen. Genom dessa religiösa levnadsregler, lyckades de utveckla känslomässiga band mellan människan och naturen. Våra förfäder älskade och vördade träd och växter såsom banyanträdet, bilva och tulasi (släkt med basilika), inte därför att träden och växterna bar frukt och hjälpte dem att få inkomster, utan därför att våra förfäder upplevde sanningen, dvs att de själva var ett med hela naturen.

Religionen lär människan att älska hela skapelsen. En del människor hånar religionen och säger att det endast är blind tro. Ändå är det allmänt känt att dessa människor gör större skada i naturen genom sina handlingar än de som tror på Gud. Det är de religiöst sinnade, inte de så kallade intellektuella, som skyddar, bevarar och älskar naturen. Det finns en del människor som, genom att citera moderna vetenskapliga teorier, alltid försöker bevisa att vad än religionen lär, är det fel. Sanningen är att den vördnad, kärlek och hängivenhet som människor utvecklar genom sin religiösa tro alltid är välgörande, både för mänskligheten och för naturen.

Samtal med Sri Mata Amritanandamayi

Religionen lär oss att dyrka Gud i naturen. Genom berättelserna om Sri Krishnas liv, har tulasiplantan och kon blivit mycket kära för det indiska folket, som kärleksfullt skyddar och sköter om dem. I gångna tider fanns det alltid en damm och en liten träddunge intill varje hus i Indien. I varje hem fanns en tulasiplanta som växte på gården framför huset. Tulasibladen har mycket goda medicinska egenskaper. Bladen vissnar inte. Även om de plockas och förvaras i flera dagar, behåller de sin medicinska egenskap. En del av den tidens dagliga rutin var att varje morgon vattna tulasiplantan och att i hängivenhet buga sig framför den och vörda den som en manifestation av Gudinnan. Detta var det traditionella sättet att vörda och tillbe, som indierna också visade andra träd och växter såsom banyan-, bilva- och fikonträdet. Tulasibladens medicinska verkan, som våra förfäders vise kände till för evigheter sedan, har nu blivit bevisad genom moderna vetenskapliga experiment. Men frågan är om vetenskapsmän och andra, som har upptäckt det medicinska värdet hos tulasi och andra heliga växter, visar samma kärlek och vördnad för naturen som våra förfäder gjorde, inspirerade av sin religiösa tro? Är det inte religiös tro som hjälper oss att skydda och bevara naturen, snarare än den kunskap som vi uppnått genom modern vetenskap?

Antag att du har tio frön. Konsumera nio av dem om du vill, men lämna åtminstone ett för sådd. Inget bör göras slut på helt och hållet. Om du får tusen kronor för din skörd, bör du ge åtminstone hundra kronor till välgörande ändamål.

Vad är yajna? Hur tillämpligt är det i vår moderna tid?

Amma: Principen bakom yajna (offran-de) är att människor i alla länder och under alla tider bör leva i ömsesidig kärlek och samarbeta och leva efter naturens lagar. Idén med yajna har sitt ursprung i idealet att människan bör ge tillbaka åtminstone en liten del till naturen av det hon har tagit.

Indiens heliga skrifter lär oss att de som lever familjeliv bör utföra *pancha yajna*, fem dagliga regler, eller fem dagliga goda gärningar.

Den första av dessa är *deva yajna*, eller att tillbe Gud, den Högsta Kraften, med hängivenhet och efter bästa förmåga. Detta görs genom *puja* (ceremoniell dyrkan), *homa* (offereld), recitation av ett mantra osv.

Deva yajna lär oss att i vårt dagliga liv praktisera de andliga sanningar som *rishierna* (forntidens vise) har lärt oss. *Deva yajna* omfattar *puja*, recitation av ett mantra, meditation och återhållsamhet. De syftar till att uppnå koncentration, ett skarpt intellekt och en rening av hela ens varelse. Upprepandet av ett mantra hjälper till genom att hindra att sinnet blir upptaget av ovidkommande tankar. Sinnet uppnår klarhet och skärpa genom meditation och när sinnet slutar med sina projektioner uppnås frid och lugn.

Puja och *homa* bär frukt om de utförs med kunskap och medvetenhet om de underliggande andliga principerna.

När vi vid *homa* ger offer till den heliga elden måste vi göra det med inställningen att vi till elden överlämnar bindningarna till de saker vi tycker om. När rökelsestickan tänds under andakten bör vi mentalt föreställa oss att vårt liv på samma sätt brinner för världen och sprider väldoft överallt. När kamfer bränns under *arati*[1] skall vi föreställa oss att det är vårt ego som brinner upp fullständigt i kunskapens eld, utan att

---

[1] En ritual i vilken man offrar ljus i form av brinnande kamfer inför Gudomligheten i ett tempel eller till en helig person vid slutet av *puja* (dyrkan). Kamfern efterlämnar inte något residuum, vilket symboliserar egots förintelse.

lämna ett spår. Både recitationen av mantrat och röken från homa-elden hjälper i lika hög grad till att rena både sinnet och atmosfären. Människor för samman sina handflator och bugar framför en tänd oljelampa därför att de har ärvt tron att Gud är närvarande där. På samma sätt är fasta och andra former av avhållsamhet till stor hjälp för att bibehålla självkontroll och hälsa. De flesta av dessa former av avhållsamhet är förknippade med fullmåne och nymåne. Vetenskapen har nu bevisat att månens faser påverkar det mänskliga sinnet. Vid fullmåne och nymåne förvärras tillståndet för de som är psykiskt sjuka; tankar och känslor som t.ex. ilska blir starkare. Om man vid dessa tillfällen tar sin tillflykt till meditation och annat som gör sinnet kontrollerat och målmedvetet, och om man samtidigt enbart äter frukt, kommer rastlösheten i sinnet att minska. Detta ökar livslängden och hälsan. När ett helt samhälle tillämpar återhållsamhet, medför det även positiva vibrationer i naturen. Årstiderna ger då lagom regn och värme. Detta är sanningen bakom talesättet att gudar som är nöjda med *yajnas* välsignar folket och landet med regn vid rätta tider.

Därefter kommer *rishi yajna*, att vörda de vise. De gudsförverkligade vise under forntiden tillät inte att deras unika erfarenheter skulle falla i glömska. Av medkänsla för mänskligheten bevarade de dem åt eftervärlden, och gav dem vidare i form av heliga skrifter och andra heliga dokument. Att hängivet studera och leva enligt undervisningen i dessa heliga skrifter och att sprida skrifternas sanningar utgör denna goda gärning.

Målet med *rishi yajna* är att lära människor hur de ska leva i världen. Detta kräver en riktig förståelse av världen så att de inte bryter ihop när de möter prövningar och vedermödor i livet. Den som har studerat lantbruksvetenskap vet hur man sköter ett jordbruk. Han vet vilka försiktighetsåtgärder som behöver vidtas för att förhindra att växterna angrips av sjukdomar. Han vet vilken sorts jord som är bäst för en viss gröda och vilken sorts gödsel som ska användas och när. Om man i stället försöker odla utan att bry sig om sådana saker kommer skörden att gå förlorad. På samma sätt hjälper studiet av de heliga skrifterna och andra heliga böcker oss att förstå världen. Om en fyrverkeripjäs plötsligt exploderar i vår närhet får vi en chock av ljudet, men om vi i förväg får veta att fyrverkeriet ska smällas av, blir inte effekten lika stor. Den som inte kan simma är tvungen att kämpa för livet i oceanens vågor, medan det

är en glädjefull lek att flyta på vågorna för en duktig simmare.

Att studera skrifterna har liknande fördelar. De lär oss hur man lever ett lyckligt och balanserat liv i den här världen. Skrifterna är en samling av de principer om riktig livsföring som *rishiernas* har fört fram. De hade själva nått ett stadium där de inte längre hade några önskningar eller begär. Vi är skyldiga dem ett stort tack för att de har givit vidare denna högsta kunskap. När vi studerar skrifterna, tillämpar deras lära i våra liv och för deras visdom vidare, återbetalar vi vår skuld till dem. Det är inte studier av skrifterna som är mest betydelsefullt, utan att tillämpa dessa upphöjda principer i vårt dagliga liv. Annars är det som att försöka stilla sin hunger genom att läsa en kokbok.

Den tredje gärningen är *pitru yajna*. Denna består av att visa respekt för, och tjäna och hjälpa sina föräldrar och de äldre. Den innefattar också att tänka rena och lyckobringande tankar för sina avlidna förfäders bästa och att utföra vissa ceremonier för deras själar.

Om gamla människor, som är sjuka och beroende, inte får tillräcklig vård och omsorg, kommer deras förbannelse att finnas kvar i atmosfären. Deras hjärtskärande och hjälplösa klaganden från det innersta av deras själar, registreras i naturen och kommer helt säkert att slå tillbaka mot oss en dag. En person som tar hand om och tjänar sina föräldrar, sägs inte behöva någon annan form av gudstjänst.

Vår indiska kultur ålägger oss att respektera en gäst som Gud själv. Vår kärlek till familjen härstammar från känslomässiga band. Den hjälper oss inte att bli vidsynta. Men *athiti puja* (respektfullt mottagande och bemötande av en gäst) föds ur ren kärlek, utan bakomliggande motiv. Den gör oss i stånd att älska hela världen som en familj.

I Indien har vi placerat gudarna och deras fordon bland floran och faunan. När vi planterar en växt för att få blommor till gudstjänsten, när vi sköter om den, när den blommar och när vi plockar blommorna och gör en girlang, då är våra tankar hos Gud och inte i den enskilda handlingen. När vi bestämmer oss för att skriva ett brev till en vän och tar fram papper och penna, tänker vi "Jag ska skriva ett brev till den personen." Fastän pennan och papperet är separata föremål, förnimmer vi enheten med vår vän genom dem. På samma sätt bör vi förnimma Gud i alla handlingar och utföra varje handling med medvetenheten om att den är ett offer till Gud. På så sätt kommer vi att uppleva enhet (*advaita*) genom olika handlingar och föremål. Många sätter en ära i att predika *advaita*, men nästan ingen praktiserar det. En sann gudshängiven förnimmer den icke-dualistiska sanningen i alla varelser genom *bhuta yajna*. Han eller hon lever helt naturligt i *advaitas* sanning.

Den fjärde är *nru yajna*, att osjälviskt tjäna mänskligheten. Detta innefattar alla former av osjälviskt tjänande, som att ge mat åt fattiga och att hjälpa sjuka och åldringar.

Bhuta yajna är den sista goda gärningen, som innebär att tjäna alla levande varelser, vilka ses som det universella Varandet förkroppsligat. Detta gör man genom att ge djur- och växtriket näring och omsorg. Förr i tiden åt aldrig familjemedlemmarna innan de hade utfodrat sina husdjur. De brukade också vattna sina växter och träd innan de åt. På den tiden var vördnad för naturen och naturfenomenen en viktig del av människornas liv. Folk var alltid angelägna om att vara naturen till lags, i tacksamhet för de goda gåvor den gav. *Bhuta yajna* åstadkommer en medvetenhet om enheten i allt liv. Genom dessa ceremonier och goda gärningar, lär sig människorna att leva i harmoni med samhället och med naturen. Det är den djupare förståelsen av religionen, sanningen om hela skapelsens enhet som, mer än kunskapen från den moderna forskningen, lär människorna att älska naturen och att utveckla en känsla av vördnad och hängivenhet till allt. Den kärlek som religionen lär är den sortens kärlek som ett grovt intellekt inte kan förstå. Det är hjärtats kärlek. Den kan bara en person tillägna sig, som är utrustad med ett subtilt intellekt som fötts ur gudstro. Om det finns en polis i byn, kommer färre stölder att inträffa, därför att folk fruktar honom. På liknande sätt hjälper vördnad och hängivenhet gentemot Gud till att upprätthålla *dharma*[2], d.v.s. rätt uppförande i samhället. Genom att verkligen tillägna sig religionens principer och genom att följa de föreskrivna sederna, kan folk undvika att begå misstag.

Andlighet är inte något ovidkommande i livet. Det är något väsentligt inom oss själva. Riter och ceremonier hjälper bara till att föra upp andligheten till ett medvetet plan. Dessa religiösa seder och bruk måste bli en daglig rutin och livsstil, liksom att bors- ta tänderna och bada. Naturligtvis kan man leva utan religion och de andliga principerna, men då lever de flesta som robotar och livet blir relativt dött och innehållslöst.

De som förkunnar att religionen enbart består av blind tro, tar sig inte ens ett ögonblick för att försöka förstå de vetenskapliga principerna bakom religionens utövning. Modern vetenskap kan få

---

[2] *Dharma* betyder "det som upprätthåller universum." Ordet *dharma* har många olika betydelser: gudomlig lag, existensens lag, i överensstämmelse med den gudomliga harmonin, rättfärdighet, religion, plikt, ansvar, rätt uppförande, rättvisa, godhet och sanning. *Dharma* betecknar religionens inre principer.

fram regn genom att spruta silverjodid på molnen. Men vatten framställt på detta sätt är med största sannolikhet inte helt rent. Skrifterna å andra sidan föreskriver speciella offerceremonier som för med sig regn. De vise visste att renheten hos regnvatten, som erhålls på detta sätt, är vida överlägset renheten hos det vatten som fås på onaturlig väg, som exempelvis molnbesprutning. På liknande sätt kan förändringar som är mycket välgörande för både natur och människor åstadkommas, genom att offra föreskrivna ingredienser i offerelden. Alla sådana offer och ceremonier hjälper till att återställa den förlorade harmonin och balansen i naturen. Precis som ayurvediska örter och växter botar sjukdomar, renas atmosfären av röken som stiger upp från offerelden, i vilken man offrar ingredienser med medicinska egenskaper. Att bränna rökelse, tända oljelampor, offra ren mat i offerelden eller till Gud, hjälper också till att rena atmosfären. Bieffekterna av sådana ceremonier ger inte de föroreningar som klor och desinfektionsmedel när dessa medel används för att rena vatten och oskadliggöra bakterier. Röken från offerelden hjälper också till att rena andningsorganen, genom att den avlägsnar slem ur luftvägarna.

Modern vetenskap säger att det är skadligt att titta direkt på solen under en solförmörkelse. Samma varnande råd gavs av våra förfäders vise redan för mycket länge sedan. De använde en primitiv men effektiv metod, de tittade endast på solens spegelbild i vatten där man löst upp kogödsel.

Genom att skydda och bevara vilda och tama djur, träd och örter, skyddar och bevarar vi naturen. Våra förfäder vördade kon och jorden och räknade dem till de fem mödrarna (*pancha matas*). De fem mödrarna var: *dehamata*—den biologiska modern, *desamata*—fosterlandet, *bhumata*—Moder Jord, *vedamata*—Vedaskrifterna och *gomata*—kon. För våra förfäder var kon inte bara en fyrbent varelse, utan ett heligt djur, vilket vördades som en form av den Gudomliga Modern.

Ingen religion kan existera avskild från naturen. Religionen är den länk som sammanbinder människan med naturen. Religionen avlägsnar människans ego och gör det möjligt för henne att få kunskap om och uppleva sin enhet med naturen.

Vad orsakade brytningen i relationen mellan naturen och människorna?

Samtal med Sri Mata Amritanandamayi

Amma: På grund av sin självskhet, uppfattar dagens människa naturen som avskild från henne själv. Om en person skär sig eller får ett sår på ena handen, så är det helt klart medvetenheten om att både den vänstra och den högra handen är "mina," som får den ena handen att hjälpa den andra. Det bekymrar oss inte lika mycket när skadan drabbar någon annan, eller hur? Detta beror på inställningen att "Den är inte min." Skiljemuren mellan människa och natur har huvudsakligen skapats av människornas självska inställning. Människorna tror att naturen har skapats endast för dem, för att användas och exploateras i syfte att uppfylla deras egna egoistiska önskningar. Denna attityd skapar en mur, en åtskillnad och ett avstånd. Det är en skrämmande sanning att den moderna människan har förlorat sin vidsynthet, som ett resultat av den moderna vetenskapens enorma utveckling. Människan har uppfunnit metoder att kunna få fram hundra tomater från en planta som annars endast kan ge tio. Hon har också lyckats fördubbla tomaternas storlek. Fastän det är sant att fattigdom och svält i viss mån har minskat tack vare ökad produktion, är människan inte särskilt medveten om den skadliga inverkan som konstgödsel och bekämpningsmedel orsakar,

när de kommer in i hennes kropp genom maten hon äter. Det är ett faktum, att sådana kemikalier förstör kroppens celler och gör människan till ett lätt offer för sjukdomar. Man har också blivit tvungen att öka antalet sjukhus, när forskare med konstgjorda medel, tvingar växter att bära frukt och ge avkastning långt utöver sina gränser. Vetenskapen har nått ofattbara höjder, men på grund av sin självsikhet har människan förlorat sin klarsynthet, sin förmåga att se vad som är sant, och handla med urskiljning.

Det är den egoistiska tanken att ständigt vilja ha mer, som driver människan till att använda konstgödsel och bekämpningsmedel. Det är på grund av sin girighet, som hon inte längre kan värdesätta eller älska växterna. En ballong kan bara blåsas upp till en viss storlek. Om man fortsätter att blåsa in luft i den, kommer den att brista. På samma sätt har ett frö en bestämd gräns för hur stor avkastning det kan ge. Om vi utan att ta hänsyn till detta fortsätter att försöka öka produktionen genom att använda konstgjorda medel, kommer fröets styrka och kvalitet att allvarligt skadas. Det skadar också dem som äter av det. Förr i tiden var det tillräckligt med bara vatten och naturlig gödsel för att odla. Men idag är situationen annorlunda. Bekämpningsmedel och konstgödsel har blivit en viktig del inom jordbruket. Detta till den grad att fröernas och växternas immunförsvar har blivit mycket svagt och de har förlorat sin kraft att försvara sig mot sjukdomar. Genom naturliga metoder kan vi stärka deras förmåga att motstå sjukdomar. Religionen lär oss att ödmjukt och med vördnad älska allting. Vetenskapliga uppfinningar har medfört att vi har lyckats öka vår produk-tion oerhört, men samtidigt har kvalitén på allting sjunkit.

Att sätta en fågel eller något annat djur i bur är detsamma som att sätta en människa bakom gal-ler. Frihet är varje levande varelses födslorätt. Vem ger oss rätt att ta ifrån dem den friheten? Genom att injicera hormoner i höns, försöker vi att gö-ra äggen större. Vi får hönorna att värpa två ägg per dag genom att stänga in dem i mörka bås, som öppnas i inter-valler, för att ge hönorna det fals-ka intrycket av att ännu en dag har gått. Men genom att göra så förkortas hönans liv till hälften och äggen förlorar all sin kvalitet. Profittanken har gjort människan blind och förstört all hennes godhet och dygd. Detta betyder inte att vi skall avstå från tanken på att öka vår produktion. Inte alls. Saken är bara den att det finns en gräns för allting, och att överträda den gränsen är detsamma som att förstöra naturen. Det är hög tid att allvarligt börja tänka på hur vi bäst kan skydda naturen. Naturens ödeläggelse är detsamma som mänsklighetens ödeläggelse. Träd, djur, fåglar, växter, skogar, berg, sjöar och floder—allt som existerar i naturen—är i desperat behov av vår tillgivenhet, av människans medkännande omvårdnad och skydd. Om vi skyddar dem, kommer de i sin tur att skydda oss.

Den legendariska dinosaurien och många andra djurarter har fullkomligt utplånats från jordens yta, därför att de inte kunnat överleva förändringar i klimatet. Om människan inte är försiktig när hennes självhet når sin höjdpunkt, kommer hon också att gå samma öde till mötes.

Endast genom kärlek och medkänsla är det möjligt att skydda och bevara naturen. Men båda dessa egenskaper blir allt svårare att hitta hos människorna. För att kunna känna verklig medkänsla och kärlek, måste man förstå enheten i den Livskraft, som upprätthåller och utgör grunden för hela universums existens. Denna förståelse kan endast uppnås genom djupgående studier i religion och genom att leva efter religiösa principer.

Människan och Naturen

Våra förfäder dyrkade ormar som *devatas* (himmelska varelser). Men idag, om vi ser en orm, kastar vi sten på den tills den dör. Utan att tveka fäller vi träden runt templen och andra skogsområden för att tjäna pengar, eller säljer kon till slaktaren om den slutar att ge mjölk. När människans självskhet ökar berörs hon inte längre av andras smärta. Vem bryr sig idag om ifall korna har blivit utfodrade, växterna blivit vattnade eller om grannfamiljen svälter?

Förr i tiden brukade man gemensamt sitta ner och recitera Guds eller Gudinnans namn i skymningen. Detta skapade frid och enhet inom familjen och atmosfären renades av de koncentrerade böner- na och religiösa sångerna, av röken från oljelampan och dofterna från medicinalväxterna i trädlundarna som vinden bar med sig. Även om det fanns mycket arbete att göra, tog man sig tid att hålla andakt i lugn och ro. Tack vare detta kunde de möta alla omständigheter med ett leende.

Idag har vi i bästa fall en bild av den gud som vi tänder en oljelampa framför. Morgon, middag och kväll ser familjemedlemmarna på TV. Alla TV-program är inte nödvändigtvis dåliga, men de flesta förstör våra sinnen och bidrar till att utveckla girighet, svartsjuka och hat inom oss. Vi vill ha ett likadant hus som det vi såg i en film; kvinnor vill ha likadana kläder som hjältinnan i filmen bar och männen vill ha en likadan bil som hjälten körde. När detta inte uppnås blir vi frustrerade och vi glömmer att filmen bara är en fantasivärld. Efter att ha tittat på TV börjar barn stjäla och begår ibland även mord och de respekterar inte längre de äldre. Men för länge sedan levde människor i enlighet med religionens principer och det första de som barn fick lära sig var att både deras far och mor var Gud. Genom att följa de äldres exempel lärde sig barnen att älska naturen och leva i samklang med den, och på ett naturligt sätt förvärvade de vanan att vattna jasminbusken, utfodra korna med gräs och att tända oljelampan i skymningen.

De som gör anspråk på att vara intellektuella hånar religionen och säger att den endast är blind tro. Om vi tänker logiskt, kan vi utan svårighet förstå att varenda en av de religiösa principerna är välgörande för både mänskligheten och för naturen. Förr i tiden brukade de vuxna skrämma barnen genom att säga: "Om du ljuger blir du blind." Om detta hade varit sant hade det idag inte funnits någon i hela världen som hade kunnat se. Men denna lilla lögn hindrade barnen från att berätta ännu värre lögner. Det är som att sätta upp en skylt på väggen där det står "Affischering förbjuden," för att förhindra att resten av väggen fylls av affischer. När barnen blir större förstår de att varningen inte var sann, men då har redan vanan att alltid tala sanning slagit rot djupt inom dem. Endast en person som har begåvats med ett skarpt intellekt, som har sin grund i tro, kan förstå att blind tro i religionen är till för att avlägsna mänskliga svagheter. Då vi lever efter religiösa principer utvecklas vår gudsfruktan till gudomlig kärlek. Detta gör det möjligt för oss att älska alla varelser som olika manifestationer av Gud. Förr i tiden kunde ett stort antal människor leva tillsammans under ett tak som en stor familj, och de var lyckliga och älskade varandra. Idag räcker det med att tre personer lever tillsammans för att de ska börja gräla med varandra. Det finns inte längre någon vänskap eller verklig förståelse mellan oss, och våra ögon fylls med tårar när vi tänker på den frid och enhet som för länge sedan rådde inom familjen. Nu kan vi bara drömma om något sådant. Att den sortens samhälle var möjligt i det förflutna, berodde på att människorna fäste stor vikt vid religionen, både i sitt individuella liv likaväl som i samhället. Religionen kräver att vi ger upp dualiteten och därigenom förenar människans inre natur med den yttre naturen i världen.

Hur är det möjligt att i religionens namn rättfärdiga offer av djur?

Amma: Det fanns en tid då djur- och människooffer var förhärskande i samhället, därför att religiösa principer inte lärdes ut till alla människor. Religiösa böcker var inte tillgängliga för vanligt folk. De lärda brahminerna behöll böckerna uteslutande för sig själva, och vanliga människor lämnades att dyrka Gud som de ville. När Amma besökte Reunion berättade man för henne att ön har ett helt eget språk. För länge sedan förde fransmännen människor från andra länder till Reunion och Mauritius för att de skulle arbeta inom jordbruket. Dessa människor förstod inte det språk man talade där, utan började använda nya ord som de lärde sig när de talade med människor av olika nationaliteter. På så sätt skapades ett nytt språk. På samma sätt följde forna tiders folk de lärdas seder på sitt eget sätt, och efterkommande generationer imiterade bara sina föregångare.

Vi bör offra det vi tycker allra bäst om till Gud. Om en vän kommer till vårt hem efter en lång tids frånvaro, lagar vi genast våra favoriträtter för att glädja vår vän. Om vi gör detta för en vän, skulle vi bete oss annorlunda mot Gud? De som tycker om *payasam* (söt rispudding) offrar den till Gud, medan någon som aldrig har hört talas om *payasam* inte kan offra sådan. Jägare var mycket förtjusta i köttet från fåglar och andra djur och brukade offra en del av detta kött till Gud. Deras efterkommande, som inte var jägare, härmade detta beteende men utan någon förståelse varför. De lärda vidarebefordrade, som sagt, inte de grundläggande religiösa principerna till folket. Vad religionen säger är, att vi ska offra våra sinnen till Gud, men vi kan inte på något synligt sätt ge bort våra sinnen. Därför offras de föremål som våra sinnen är fästade vid, som en symbol för själva sinnet. Detta är principen bakom att ge rikedomar som religiösa offer. Man gör detta därför att det mänskliga sinnet vanligtvis är mycket fäst vid pengar.

Var och en dyrkar Gud på sitt eget sätt och i enlighet med sin egen tro. Våra förfäders vise dyrkade Devi (Gudinnan) som en personifiering av den obefläckade renheten. De som önskade sig världsliga rikedomar dyrkade henne som Lakshmi (framgångens och rikedomens gudinna), medan lärda män och studerande dyrkade henne som Saraswati (kunskapens gudinna). Krigare och skogsfolk dyrkade henne som Kali, eftersom hon håller svärdet och treudden i sina händer. Men dessa Gudinnor är en och samma Shakti (Den Gudomliga Kraften). Var och en ger Gud den form som överensstämmer med ens egen läggning, och den Allsmäktige kan anta vilken form som helst. Därför finns ingen anledning att klandra Gud eller religionen för någonting. Om människor utför ceremonier som är skadliga, bör vi undervisa dem om de verkliga religiösa principerna, och hindra dem från att begå felaktiga handlingar. Om en kvacksalvare ordinerar fel medicin till en patient och patienten dör, kan vi för den skull säga att alla läkare är kvacksalvare? Även om några felaktiga eller förvrängda seder lever kvar i samhället av tradition, innebär det inte att vi har rätt att beklaga oss över alla religiösa principer. Det skulle vara som att kasta ut barnet med badvattnet.

Är inte modern vetenskap, som tar fram fakta om naturen, mer önskvärd än en religion som sprider gudsfruktan hos människor?

Amma: Det är religionen som uppenbarar sanningen om naturen. Det man inte kan

Människan och Naturen

finna i religionen, kan man inte heller finna i vetenskapen. På samma sätt som vi utvinner smör, ghee (skirat smör), kärnmjölk, yoghurt och andra produkter från mjölk, kan vi få ut allt från religionen. Religionen lär oss att skydda naturen och att älska och tjäna allt som olika former av Gud. I enlighet med detta dyrkades bergen, träden, floderna, korna, solen, månen, luften osv.

Syftet med gudsfruktan inom religionen är inte att sprida rädsla hos människorna, utan att utveckla uppmärksamhet och omsorg. Varje handling fordrar *shraddha*[3] för att bära frukt. Endast om *shraddha* finns kan det finnas tålamod och endast de handlingar som är utförda med *shraddha* är verkligt välgörande. Gudsfruktan främjar *shraddha* hos människan.

Gudsfruktan i dess rätta bemärkelse är en blandning av två attityder: aktningen för en lärare, och tillgivenheten och kärleken för en mor. Detta är den attityd man bör ha till Gud. Det är inte fråga om ren rädsla, utan en känsla som väcker urskillnings-förmågan till liv inom oss.

---

[3] *Shraddha* på sanskrit betyder gudstro grundad på visdom and erfarenhet, medan samma term på malayalam betyder dedikation till ens arbete och fullständig omsorg och uppmärksamhet i varje handling. Amma använder ordet i dess senare mening.

Samtal med Sri Mata Amritanandamayi

Religionen lär, att om vi begår en felaktig handling, kommer vi förr eller senare att få ta vårt straff. Denna vetskap hjälper till att väcka omdömesförmågan inom oss. Det betyder inte att en Gud, som sitter på en gyllene tron någonstans uppe i himlen, kommer att hugga av våra händer. Gud bor i alla varelser, och att skydda och respektera allt i naturen är den sanna dyrkan av Gud.

Religionen säger: "Det finns en oskattbar diamant inom dig, men den är täckt med okunnighetens olja och har förlorat sin glans. Försök att återvinna dess glans. Skåda in i dig själv, förstå vem du är. Släpp ditt ego och väck upp medvetenheten inom dig. Bli medveten om din *dharma*. Du är inte bara en 160 eller 180 cm lång mänsklig varelse. Du är den eviga, oföränderliga Principen. Inse denna sanning och lev den. Var inte som en mus som flyr i skräck för katten, utan var som ett lejon, djurens konung." Religionen är *mantrat* som ger kraft och styrka. Religionen är till för att avlägsna människans ego.

Gudsfruktan hjälper oss att övervinna våra svagheter. Om en patient är förbjuden att äta en viss slags mat och man förvarar denna mat bredvid honom, kommer han med all säkerhet att äta av den. Sådan är kraften av *vasanas* (medfödda tendenser) i oss. Förledda av smaksinnet struntar vi i konsekvenserna, även om de så medför döden. Vi är sålunda slavar under våra medfödda drifter. En rökare kan lova att han aldrig ska röka mer, samtidigt som han blossar på en cigarett. Detta beror på att människan redan är slav under sina *vasanas*. För att frigöra sig från sådana förvärvade *vasanas*, måste man begrunda deras skadliga effekter och utveckla styrkan att övervinna dem. Gudsfruktan hjälper oss att uppnå denna sinnesstyrka.

Ofta kan religiösa förbud tyckas vara alltför hårda och stränga och vi kan tvivla på att så många regler och restriktioner verkligen är nödvändiga. Ändå härstammar denna skenbara stränghet i religionen från ren kärlek till mänskligheten. Antag att en läkare säger till ett barn som ska opereras: "Mitt kära barn, det kommer göra ont när jag opererar dig. Så rym genast härifrån." Är detta kärleksfull omsorg eller är det grymhet?

När vi avviker från *dharmans* väg och utsätter oss själva för fara, är det gudsfruktan som för oss tillbaka på den rätta vägen. Den renar oss. Rädslan att "Gud kommer att straffa mig om jag gör något som är fel," inskärper *shraddha* i oss. Guds straff är inget annat än förklädd välsignelse. Om en mor bestraffar sitt barn när det inte lyder, sker det inte av brist på kärlek. Den lilla smärta som barnet då måste genomlida, kommer att rädda det från att utsättas för större olyckor senare.

Många människor har en felaktig föreställning om hängivenhet förenad med gudsfruktan. Det finns inte en enda person som aldrig begår några misstag. Många människor tror så här: "Gud kommer att straffa mig för de fel jag har begått. För att undkomma detta straff, offrar jag någonting till Honom, till exempel en tänd oljelampa värd tio rupier. Med det ljuset blir Gud säkert nöjd." Detta tycks vara deras attityd, men det är inte gudstro. En sådan tro kommer till slut att förstöra till och med den lilla tro man tidigare hade. Gud kräver inte att vi ska tända lampor så att Han kan se. Att offra lampor till Honom med en sådan inställning, är som att tända stearinljus åt solen, så att solen ska kunna hitta vägen i stearinljusets sken! Tempel och offer har emellertid ett syfte—att inpränta en känsla av rättfärdighet och utvidga vårt sinne.

Våra förfäder har ålagt oss att efterleva många religiösa sedvänjor, och den verkliga avsikten med många av dessa seder och bruk är att rena och skydda naturen. Att till exempel tända oljelampor i skymningen renar atmosfären och skingrar oönskade vibrationer. Röken från dem förstör skadliga mikroorganismer. Det var den religiösa medvetenheten som hjälpte vanligt folk förr i tiden att fortsätta med sådana välgörande seder och bruk, trots att de inte var välutbildade eller belästa. Om en familj inte hade råd att köpa tillräckligt med mat, köpte de ändå, med sina knappa resurser, lite olja och tände oljelampor i skymningen. På så sätt bidrog religiös tro och gudsfruktan till att bevara renheten och harmonin i naturen.

Alla handlingar som vi utför kännetecknas av en viss grad av rädsla. Vanligtvis är det bara på grund av denna rädsla inom oss som vi är försiktiga. Annars har vi en tendens att ta lätt på saker och ting. Vi går försiktigt, eftersom vi är medvetna

om att vi kan ramla. Vi är försiktiga när vi talar med andra, för om det slinker ur oss obehagliga ord på grund av våra ingrodda tendenser kan det leda till gräl, och till slut kanske vi hamnar i fängelse. På grund av denna rädsla är vi försiktiga när vi uttrycker oss och agerar. Elever studerar flitigt av rädsla för att misslyckas i sina tentamensprov. Om vi betraktar saker på detta sätt, kan vi dra slutsatsen att vi varje minut lever med ett visst mått av rädsla. Rädslan manar oss att utföra alla handlingar med omsorg och uppmärksamhet. Föreställ dig till exempel att vi sår på ett fält. Vi måste tillföra vatten och gödsel i tid, annars blir skörden knapp och vi kanske tvingas svälta. Rädslan för svält gör oss vaksamma och väcker omdömesförmågan till liv inom oss. Som ett resultat av detta ger utsädet hundrafalt tillbaka. Rädslan bidrar till att vi gör saker i rätt tid. *Bhaya bhakti* inför Gud fungerar på ett liknande sätt. *Bhaya bhakti* är fruktan förenad med gudshängivenhet och tillbedjan. *Bhaya bhakti* inspirerar människor att utföra handlingar med uppmärksamhet och omdöme.

Gud öser ständigt Sin Nåd över människan. Religionen ger oss råd om hur vi bäst kan använda denna gudomliga Nåd. Det tjänar inget till att klandra solen och klaga över mörkret om vi har stängt dörren och fönsterluckorna till vårt rum. Vi måste öppna dörren och fönsterluckorna och släppa in solens strålar. Gud har givit oss styrka och hälsa, så att vi kan utföra handlingar som drar Hans Nåd till oss. Religionen inspirerar oss att handla i överensstämmelse med *dharma*, inte i överensstämmelse med ens *vasanas* (medfödda tendenser). Det finns människor som säger att vi inte ska undertrycka våra *vasanas*, utan handla efter dem. Antag att en mans *vasana* är att döda. Hur skulle det bli om han handlar i enlighet med denna *vasana* och dödar sin granne? Grannens familj skulle gå under. Det är därför nödvändigt att kontrollera och leda våra *vasanas* i rätt riktning. Detta kommer att ske endast om vi har en fruktan för en allsmäktig Kraft eller Gud. Det är fruktan i *bhaya bhakti* förenad med hängivenhet, som leder oss till ett tillstånd av total befrielse från rädsla. Dess renande och upplyftande inverkan är betydligt mer djupgående än den som kommer av intellektuell förståelse av de oönskade konsekvenserna av någonting.

Hur stor vikt vetenskapen idag än lägger vid nödvändigheten av att bevara och skydda naturen, gör vi oss sällan besväret att överföra denna kunskap i handling. I stället är människorna fullt upptagna med att fälla träd och kalhugga skogarna. På hyggena planteras träd som är användbara inom industrin och som ökar vinsten. Sådana träd kräver konstgödsel och kemiska bekämpningsmedel för att växa. De har inte den kraftfulla immunitet som de naturligt växande träden har. Odling med konstgödsel och kemiska bekämpningsmedel skadar miljön.

Nuförtiden är gårdarna runt husen fulla med taggiga buskar, vilka har ersatt växter som den doftande jasminen och oleander, växter som väcker känslor av hängivenhet. Detta visar på degenerationen av det mänskliga sinnet.

Våra förfäder brukade läppja på *tirtha* (heligt vatten). De hade inget behov av andra stärkande drycker än denna, i vilken man lagt basilika och bilbablad samt karikagräs (ett gräs med medicinska egenskaper som användes i gudstjänsten). De medicinska effekterna av dessa växter har bevisats vid vetenskaplig forskning, men finns det idag någon som drar nytta av dem i sitt dagliga liv? Förr i tiden bjöds alltid en gäst som kom på besök på kokos- eller kärnmjölk. Idag blir gästen bjuden på kaffe, te eller konstgjorda läskedrycker. Till och med lemonaden har ersatts av färgglada drycker som innehåller många skadliga kemikalier, och människor är idag beredda att köpa dem och betala tio gånger så mycket som för lemonad trots att de är fullt medvetna om dryckernas skadliga effekter. Även på våra marker har palmer och limeträd ersatts av till exempel gummiträd. Allt detta sker av lönsamhetsskäl och inte av kärlek till naturen.

Ungdomar i tidigare generationer rökte sällan i vuxnas närvaro. Varför? Anledningen var att de hade *bhaya bhakti*. Idag röker även läkare som avråder andra från att röka. Alla vet att det utanpå cigarettpaketet tydligt och klart står: "Cigarettrökning är skadligt för hälsan." Modern vetenskap har dessutom påvisat att rökaren också skadar människor omkring sig och miljön. Men är det någon som bryr sig om detta? Vad har varit mest välgörande för naturen, intellektuell förståelse eller *bhaya bhakti*? Förvisso det senare. Det betyder inte att intellektuell förståelse inte är nödvändig, men tillsammans med förståelse behövs också handlingar i enlighet med förståelsen. Dagens människor har intelligens, men de saknar visdom. Därför behövs *bhaya bhakti*. Det är inte tillräckligt med kunskap som är begränsad till intellektet. Kunskapen måste fylla hjärtat. Kunskap ska integreras i livet. Detta är syftet med religionen.

Den *bhaya bhakti* som människan har ärvt från religionen har varit en stor välsignelse såväl för henne som för naturen. *Bhaya bhakti* lärde människan att älska, bevara och skydda naturen. Om en polis är stationerad i ett visst område, förekommer det betydligt färre stölder och rån där. En känsla av säkerhet råder. På samma sätt medför *bhaya bhakti* att *dharma* upprätthålls i samhället. När vi införlivar sanna religiösa principer och följer traditionella regler för seder och uppförande blir vi i stånd att avhålla oss från felaktiga och oönskade handlingar.

Religionen är den fackla som lyser upp vägen till att älska och leva i harmoni med naturen och att se naturen som en del av Gud. Den ger människan ödmjukhet och medvetenheten om att hon är en väsentlig del av naturen, och ingjuter i henne styrkan att gå bortom naturen och förverkliga den Högsta Principen.

En del människor förkastar religionen och säger att den bara är vidskepelse. De lyckas inte förstå den vetenskapliga grund som finns för de flesta religiösa sedvänjor. Religion har varit ett redskap för att bevara och skydda naturen. Men de som har förtalat religionen har bara skadat naturen. Det är vanligt folk med religiös tro som älskar och månar om naturen. Det är idag vanligt att förneka religiösa seder genom att hänvisa till vetenskapen. Kritikerna glömmer det faktum att vetenskapen fortfarande har mycket kvar att förklara om universum.

Religionens principer har en universell giltighet. Religionen införlivar i sig idéer som är användbara för alla och envar. Den innehåller idéer som är nödvändiga för ett barn, för en ungdom såväl som för en hundraåring. Den innehåller principer som är relevanta såväl för sinnessjuka, som för den intellektuella eliten. De kvalifikationer och egenskaper som krävs för att få arbete som soldat, polis eller präst är alla olika. På samma sätt innehåller religionen principer och sedvänjor som är relevanta för olika typer av människor. Eftersom religionen innehåller allt, kanske en del inte tycks tillämpligt för oss. Men även dessa sedvänjor är välgörande för de människor som de är avsedda för. När vi studerar religiösa principer och sedvänjor bör vi ha både tro och ett brett perspektiv.

Finns det någon som kan leva utan tro? Vi vet att många människor dör varje dag. Man kan falla ner död även under tiden man sitter och pratar med sina vänner. Trots detta tycks vi alla tro att vi inte kommer att dö. Detta är tro. Vi sitter här därför att vi tror att våra fiender inte kommer att släppa bomber här. Fastän vi är medvetna om att trafikolyckor är mycket vanliga, och att vi själva har varit vittne till många sådana olyckor, fortsätter vi att resa. Det gör vi bara därför att vi har en inneboende tro att vårt fordon inte kommer att råka ut för en trafikolycka. När vår dotter gifter sig lever vi i tron att vår svärson kommer att ta väl hand om henne. När vi dricker vatten så gör vi det i tron att vattnet inte är förgiftat.

Det är vår tro som håller oss uppe varje ögonblick och som leder oss framåt i livet. Endast med tro kan vi uppleva lycka. Även en bitter dryck som vi får från vår käresta smakar sött, medan den sötaste dryck smakar bitter när vi får den av någon som vi inte tycker om. Vi kan uppleva lyckan endast när vi är i stånd att älska och tycka om allt och alla. Det som hindrar oss att uppleva lyckan är vår självviskhet.

Religionen lär oss att leva i harmoni med och kärlek till naturen. När människan blir medveten om sin tacksamhetsskuld och sin förbindelse med naturen försvinner egot. Genom att se sig själv som en del av naturen, kommer människan till insikt om att allting är en enda *Atma* (Själ). I verkligheten handlar religionen inte om något annat än att ge näring till naturen. Endast med en sådan inställning är vår existens möjlig.

Varför förblir Indien ett fattigt land trots dess andliga överlägsenhet? Är andlighet ett hinder för materiellt välstånd?

Amma: Vem säger att Indien är ett fattigt land? Indien kan tyckas fattigt materiellt sett, men när det rör sig om verkligt välbefinnande är Indien inte fattigt. Indien är rikt på sinnesfrid och välmående hos folket. Trots svåra umbäranden, är kriminaliteten i vårt land relativt låg. Antalet mentalpatienter är jämförelsevis lågt. Problemen med drogmissbruk är förhållandevis små. Detta beror på att Indien har ärvt en levande andlig kultur. Endast genom andlig medvetenhet och andlig utbildning hos folket är verklig frid och välbefinnande möjlig.

Andligheten lär oss att tjäna vårt levebröd genom vår egen ansträngning, och att ge allt som överstiger våra grundläggande behov till välgörenhet. Men i världen, som den ser ut idag, söker folk efter tillfällen att stjäla andras pengar och spara dessa på banken. Folk ägnar hela sina liv till att skapa sig rikedom. Men trots att de samlat stora förmögenheter, lever de i fattigdom, eftersom de inte har någon sinnesfrid. Låt oss fundera över vem som verkligen är fattig. Är det den fattige mannen som i kärlek och förnöjsamhet delar sin knappa mat med fru och barn och sover fridfullt, eller är det den rike mannen som lever i luftkonditionerade rum och njuter av hälsosamma måltider, men som rastlöst vänder sig i sängen utan att kunna sova, på grund av att hans sinne är helt absorberat i världsliga tankar? Det är helt klart den så kallade rike mannen. Mätt med dessa mått är Indien verkligen ett rikt land. Vi måste bara vara uppmärksamma, så att vi inte förlorar denna stora rikedom.

Även materiellt har Indien faktiskt varit mycket rikt. Men det som hände var att folk började bli mer och mer själviska. Önskningar som "Jag vill ha hans rikedom," "Jag vill ha hans tillhörigheter" började växa. En sådan inställning är galenskap. Att träna efter makt och ställning är galenskap. Styrda av avundsjuka, egoism och konkurrens började människor glömma Gud. Resultatet blev att de åsidosatte *dharma* och började gräla och slåss inbördes. Enigheten bröts, vilket inverkade negativt på landets försvar. Detta resulterade i att Indien kom under främmande makt. Inkräktarna plundrade oss på all vår rikedom. Landet reducerades till tillståndet hos en öken. Ni vet hur svårt det är att odla i en öken. Endast genom ihärdigt och beslutsamt arbete kan landet återuppstå. Det som upprätthåller den här nationen idag är inte fysisk makt eller rikedom, utan andlig kraft och andlig rikedom.

Trots dessa bakslag och smärtsamma erfarenheter har folket inte lärt sig sin läxa. De flesta ser bara till sin egen personliga vinning. Folk glömmer att verkligt välstånd, även materiell rikedom, endast kan uppnås genom förståelsen av andliga principer, genom andlig bildning. Om vi är beredda att använda och fördela de tillgängliga materiella resurserna på ett korrekt sätt, har fattigdomen ingen plats i det här landet. Det finns tillräckligt här för att uppfylla allas rättmätiga behov. Men folk måste ge upp sina själviska önskningar att beröva andra deras andelar.

Medan man i andra länder även använder ofruktbar mark för odling, förvandlar vi här odlingsbar jord till lekplatser och industritomter. Kan man stilla sin hunger genom att äta mynt eller sedlar? Även om pengar finns, måste man ha mat för att stilla hungern. Varje land har sitt unika arv. Landet kan endast göra framsteg genom utvecklingssträvanden med detta arv som grund och genom att utbilda folket i sitt kulturella arv. Därför bör de unga människor som anammat värdet av vår kultur ge sig ut i byarna och undervisa folket om deras andliga arv. Människor bör få lära sig att betrakta nationen som sitt hem. Odlingsbar mark skall användas för odling. Hus skall byggas för de hemlösa, mat ges till de hungrande. Tillsammans med sådana serviceinriktade aktiviteter utvecklas en god *samskara*[4] bland folket. Om vi såsom nu fortsätter att ignorera våra kulturella värden, kommer vi att få lida mycket i framtiden. Om landets andliga rikedom går förlorad, innebär detta en katastrof för vår nation.

Hur allvarliga är miljöproblemen?

Amma: I dag är de ekologiska problemen allvarligare än någonsin tidigare. Befolkningen ökar, antalet fabriker ökar, men vi glömmer att skydda naturen i takt med dessa förändringar. I dag är vi i stånd att förstöra urskogsträd och de träd som våra förfäder planterade, men vi planterar och odlar inga själva. Om vi fortsätter på detta

---

[4] *Samskara* har två meningar: Ädel kultur och intryck som inpräntats i det undermedvetna av upplevelser (från detta och tidigare liv), vilka påverkar människans liv—hennes natur, handlingar, sinnestillstånd, etc.

sätt kommer naturen att slå tillbaka mot oss. Det råder ingen tvekan om det. Vad är det för nytta med att finna en vetenskaplig förklaring till en katastrof efter att den har inträffat? Det ersätter inte vår förlust.

I gångna tider fanns det fastställda tider för allting. Man brukade så en viss månad eller årstid och en särskild månad var bestämd för skördearbetet. Det fanns inga djupborrade brunnar på den tiden. Bönderna var helt och hållet beroende av det vatten och det solsken som naturen nåderikt skänkte. Folket levde i harmoni med naturen. De försökte aldrig utmana naturen. Naturen var därför alltid hjälpsam mot människorna. Naturen var människans vän. Folk litade fullkomligt på att det skulle regna om de hade sått vid en speciell tid i månaden. De visste också den exakta tidpunkten när grödan skulle vara mogen att skördas. Allting gick friktionsfritt. Naturen skänkte, utan att fela, både regn och solsken i rättan tid. För mycket regn eller regn vid fel tidpunkt förstörde aldrig grödorna, inte heller var det för mycket eller för litet solsken. Allt var i balans. Människorna försökte aldrig att handla mot naturens lagar.

Ömsesidig förståelse, tillit, kärlek, medkänsla och samarbete rådde mellan människorna. De älskade och vördade naturen, och i gengäld välsignade naturen dem med ett överflöd av naturlig rikedom. Bara inställningen i sig själv, hjälper till att lyfta upp samhället i sin helhet. Men saker och ting har förändrats.

Vetenskapliga uppfinningar är högst välgörande. Men det får inte gå emot naturen. Människans ständiga skadegörelse har gjort slut på naturens tålamod. Den har börjat slå tillbaka. Naturkatastroferna ökar i hög grad. Naturen har påbörjat sin dödsdans. Den har förlorat sin balans på grund av de orättfärdiga handlingar som människan har begått mot den. Detta är den huvudsakliga orsaken till allt lidande som människorna genomgår under den innevarande tidsåldern.

Den uppfinningsrike forskaren som gör experiment kanske har kärlek inom sig, men den kärleken är begränsad till ett litet område. Den är endast inriktad på det vetenskapliga fält, inom vilket han arbetar. Den omfattar inte hela skapelsen. Han är mer eller mindre bunden till det laboratorium där han arbetar, eller till den vetenskapliga utrustning som han använder. Han är inte medveten om det verkliga livet. Han är mer intresserad av att veta om det finns liv på månen eller Mars och av att uppfinna kärnvapen.

En vetenskapsman kanske gör anspråk på att försöka finna den erfarenhetsmässiga världens sanning genom att närma sig den analytiskt. Han dissekerar tingen för att analysera hur de fungerar. Om man ger honom en kattunge, är han mer intresserad av att använda djuret till forskning, än att älska det som ett sällskapsdjur. Han kommer att mäta dess andning, dess puls och dess blodtryck. I vetenskapens och sanningssökandets namn kommer han att dissekera djuret och undersöka dess organ. När kattungen en gång har skurits upp är den död. Livet försvinner och varje möjlighet till kärlek är borta. Bara om det finns liv, finns det kärlek. I sitt sökande efter sanningen om livet, förstör vetenskapsmannen aningslöst själva livet. Märkvärdigt!

En *rishi* är verkligen en som älskar, eftersom att han har tagit sig djupt in i sitt eget innersta Själv, livets och kärlekens verkliga kärna. Han upplever liv och kärlek överallt—över, under, framför, bakom—i alla riktningar. Till och med i helvetet, till och med i den undre världen, ser han inget annat än liv och kärlek. För honom finns det ingenting annat än liv och kärlek, som med ljus och härlighet strålar från alla håll.

Samtal med Sri Mata Amritanandamayi

Amma skulle säga att han är en verklig vetenskapsman. Han experimenterar i det inre laboratoriet inom sig själv. Han delar aldrig upp livet. För honom är livet en helhet. Han befinner sig alltid i detta odelade tillstånd av kärlek och liv.

Den verklige forskaren, den vise, omfamnar kärleksfullt livet och blir ett med det. Han försöker aldrig att kämpa mot livet. Medan vetenskapsmannen försöker slåss och övervinna livet, överlämnar den vise sig och låter livet föra honom eller henne vart det vill.

Människan har vänt sig mot naturen. Människan bryr sig inte längre om naturen. Hon är mer intresserad av att utforska och experimentera. Hon försöker överskrida alla gränser. Men hon vet inte att genom att göra så, banar hon vägen för sin egen undergång. Det är som att ligga på rygg och spotta uppåt. Spottet kommer att falla tillbaka ner i ens eget ansikte.

I dag är det så att, förutom att människan hänsynslöst utnyttjar naturen, så förorenar hon den också. En gång i tiden användes i Indien kogödsel som desinfektionsmedel när barnen vaccinerades, men nu skulle ett sår bli infekterat och personen skulle dö om man lade på kogödsel. Det som brukade vara en medicin som läkte sår, har nu

Människan och Naturen

blivit något som orsakar infektion. Så mycket gift måste ha kommit in i kogödseln, genom gräset, höet och oljekakorna som vi matar korna med.

Idag kan vi överallt se nya rissorter, men de har inte mycket naturlig motståndskraft. De kan bara överleva med hjälp av bekämpningsmedel. De är inte i den harmoni med naturen som vanliga växter, fåglar och djur en gång var. I framtiden kommer människans situation att bli likadan. När en person lämnar sitt luftkonditionerade rum kollapsar hon. Kropp och sinne håller på att försvagas.

Hela atmosfären har blivit förorenad av rök och avgaser från fabriker och trafik. Fabriker är nödvändiga men de skall inte placeras i tätbebyggda områden. Man måste vara försiktig så att människors hälsa inte förstörs. Industrin bör avsätta en del av sin vinst till miljövård. Förr fanns det inga industrier eller onaturliga föroreningar i byarna, bergsområdena och vid de heliga floderna. Idag har även dessa fyllts med verksamheter som förorenar. Om vi inte blir medvetna om detta och genast vidtar förebyggande åtgärder, går vi mot vår egen undergång.

Nu kommer det inte längre något regn när det borde regna. Om det regnar är det antingen för litet eller för mycket och det kommer för tidigt eller för sent. Det är samma sak med solskenet. Nuförtiden försöker människan att hänsynslöst utnyttja naturen. Det är därför vi har översvämningar, torka och jordskalv och allting håller på att bli förstört.

Det är en fruktansvärd försämring av livskvalitén. Många människor har tappat tron. De känner ingen kärlek eller medkänsla och känslan av laganda, att arbeta sida vid sida tillsammans för allas bästa, har gått förlorad. Detta kommer att ha en allvarlig inverkan på naturen. Naturen kommer att dra tillbaka alla sina välsignelser och vända sig mot människan. Naturens reaktion kommer att bli ofattbar om människan fortsätter så här.

Människan och Naturen

Håller människan på att bli ett hot mot livet på jorden?

Amma: Eftersom naturen barmhärtigt skyddar och tjänar människorna, är det utan tvekan vårt ansvar att i gengäld skydda och tjäna naturen. Modern vetenskap säger, att träd och växter kan reagera på människornas tankar och handlingar på ett sätt som vi inte uppfattar. Man har t.ex. upptäckt att växter darrar av rädsla när vi närmar oss dem för att plocka deras blad. Men redan för mycket länge sedan hade helgonen och de vise i Indien förstått denna fantastiska sanning och levde sina liv utan att göra någon som helst skada. Det finns i hinduismens heliga skrifter en historia, som kallas Sakunthalam, som berättar om just detta. En gång fann en vis man ett övergivet barn i skogen. Han tog barnet med sig till sin eremitboning och uppfostrade henne där som sin egen dotter. När hon växte upp anförtrodde den vise mannen henne arbetet att ta hand om växterna och husdjuren. Flickan älskade växterna och djuren lika mycket som sitt eget liv. En dag när den vise mannen var hemifrån red kungen som regerade i landet genom skogen på en jaktexpedition och fick se denna vackra flicka. Han blev kär i henne och ville gifta sig med henne. När den vise mannen kom hem fick han reda på detta och gav glatt sitt samtycke till kungens önskan. Efter vigselceremonin skulle flickan lämna eremitboningen för att resa till kungens palats. Jasminbusken, som hon alltid hade älskat, böjde sig då ner och slingrade sig mjukt runt hennes anklar. Djuren fällde tårar när hon åkte. Detta illustrerar hur växter, träd och hela naturen ger kärlek tillbaka om vi verkligen bryr oss om dem.

Om vi ser på naturen finner vi hur stora uppoffringar den gör för vår skull. Tag vad som helst i naturen som exempel och man ser att den inte gör något för sig själv. Allt i naturen är för människans bästa. Hur grymt måste då inte hjärtat vara hos den som skadar naturen. Den natur som tjänar människan osjälviskt, utan någon önskan om belöning. Ger vi tillbaka ens en miljondel av de uppoffringar som naturen får göra för vår skull? Betrakta varje fenomen i naturen. Vilken undervisning vi kan få från vart och ett av dem! Att lära av naturen är tillräckligt för att våra liv skall fyllas av lycksalighet.

Se på en flod. Från Himalayas toppar flyter den ner och är en välsignelse för alla, för att sedan flyta ut i havet. På samma sätt bör vår känsla av individualitet uppgå i det universella Självet, genom att vi anammar flodens natur. Vem som helst kan bada i floden eller dricka dess vatten. Floden bryr sig inte om ifall det är man eller kvinna. Floden bryr sig inte om olikheter i kast, religion eller språk. Den gör ingen åtskillnad mellan spetälsk eller frisk, mellan rik eller fattig. Flodens natur är att smeka alla som kommer till den och att absorbera smutsen. Floden är oberörd, vare sig någon vanhedrar den, eller skriver hyllningsdikter till dess ära. En dricker av den, en annan badar i den och ytterligare någon annan utför rituell tvagning i den. Floden tar inte parti för eller emot någon. När flodens *bhava* (stämning, attityd) fyller upp och flödar över i en persons ord, blick och gärning kallas det barmhärtighet. Detta är vad vi behöver.

Det sägs att om vi hugger ner ett träd, bör tio skott planteras i dess ställe. Vad är det för mening med detta? Det är som att ta bort teakpelarna i en byggnad och ersätta dem med tändstickor. Den renhet i atmosfären och svalka i omgivningen som ett stort träd ger, kan inte återskapas av ens hundra små trädplantor.

Förstörelsen av skogarna kommer att leda till mänsklighetens egen undergång. Många arter i det förgångna har utrotats. De kunde inte överleva klimatförändringarna. Om vi inte är försiktiga idag, kommer vi att få dela deras öde i morgon. Vi kommer inte att kunna anpassa oss till ett förändrat klimat. Resultatet blir att människan och andra arter utrotas och går under. Människans själviskhet har nått dessa proportioner.

Det finns en historia om en vinförsäljare som alltid brukade säga till sin hustru: "Be dagligen för att fler kunder skall komma." En kund som kommit in för att dricka, hörde henne en dag be. Han sade till kvinnan: "Var snäll och be även för mig, så att jag får mer arbete." "Vad arbetar du med?" frågade hon. "Jag tillverkar likkistor," svarade han. Han insåg inte att han själv en dag skulle ligga i en av sina kistor! Sådan är människans situation idag.

Är det nödvändigt att lägga större vikt vid människans behov än vid naturens?

Amma: Naturen ger all sin rikedom till människorna. Precis som naturen hängivet hjälper oss, borde vi också hängivet hjälpa naturen. Endast då kan harmonin mellan natur och människor bibehållas. Att plocka tio blad när det räcker med fem är en synd. Antag att två potatisar räcker för att laga en rätt. Om du tar en tredje potatis handlar du omdömeslöst; din handling är adharma (orättfärdig).

Att använda naturen för våra behov kan inte anses vara fel. Men ett hänsynslöst utnyttjande förändrar alla förutsättningar. Detta gör våra handlingar orättfärdiga. För det första tar vi i onödan livet av en extra växt, ett djur eller vad det nu är som vi utnyttjar. För det andra nekar vi någon annan möjligheten att använda den. Någon annan kunde ha använt den, kanske en granne som inte har något att äta. Så när vi utnyttjar naturen, utnyttjar vi även andra. Visst är det nödvändigt att ha ett hus till skydd för sol och regn. Men vi bör inte bygga ett hus för att demonstrera vår förmögna och lyxiga livsstil. Att fälla tillräckligt med träd för att bygga ett hus kan inte anses vara orättfärdigt. En handling blir orättfärdig eller syndig när vi utför den omdömeslöst, utan att vara uppmärksamma. Att slösaktigt spendera utan att tänka på Gud, den Store Givaren, eller andra som skulle behöva de extra pengarna—det är orättfärdigt.

Vilka åtgärder kan man vidta i samhället för att förhindra ödeläggelse av djur och natur?

Samtal med Sri Mata Amritanandamayi

Amma: Det är verkligen hög tid att vidta stränga åtgärder för att hindra människan från att förstöra naturen och de tillgångar som den välvilligt skänker oss som en gåva, eller som en belöning för de goda gärningar vi utför. Att tillämpa strikta regler skulle vara välgörande, men det råder brist på människor som är beredda att följa och genomföra dem. Nuförtiden är de människor, som man förutsätter skulle följa reglerna, de första att bryta mot dem.

Föreningar måste bildas i varenda stad och by för att skapa en medvetenhet om betydelsen av att skydda och bevara naturen. Enbart intellektuell förståelse är inte tillräckligt. Folk måste läras att handla från sina hjärtan. Lärarna och rådgivarna i dessa föreningar måste ha förmågan att uppmuntra folk att älska naturen och känna medkänsla med hela skapelsen och alla dess varelser. Lärarna och rådgivarna själva måste vara mycket kompetenta och dugliga människor, som kan inspirera andra att genomföra vad de än får lära sig. Endast då kommer det att bli till någon nytta. Det stöd vi får från religionen och andliga principer hjälper oss att nå detta mål.

En huvudorsak till luftföroreningarna är den giftiga rök som strömmar ut från fabriker och industrier. Detta drabbar trädens och växternas hälsa och tillväxt. Gifter som framställs på sådana platser skadar också allvarligt människornas hälsa. Nödvändiga mått och steg måste tas för att skydda och bevara träd och växter som växer runt fabriker och i industriområden. I själva verket är det i stor utsträckning dessa träd och växter som renar den förorenade luften på sådana ställen. Vore det inte för dessa växter, skulle situationen vara mycket värre. Initiativet till att bevara de naturliga omgivningarna bör komma från företagens chefer och anställda. En regering kan inte ensam göra någonting. Det krävs också att folket samarbetar helhjärtat. För att detta skall kunna ske måste regering arbeta efter viljan och önskemålen hos de människor som älskar naturen. Detta i sin tur fordrar stöd från andra politiska ledare och regeringstjänstemän. Dessa får inte bara vara en grupp människor som kräver makt och pengar. Deras mål måste vara att bygga upp landet och dess folk. Mycket kommer att vara vunnet om dessa människor är osjälviska, har ett gott omdöme och en helhetssyn.

Är skogarna en absolut nödvändig del av jorden?

Amma: Ja, i högsta grad. Det återstår ännu för vetenskapen att förstå till vilken stor nytta skogarna är för naturen. Skogarna utgör en omistlig del av livet på den här planeten. De är oumbärliga. De renar atmosfären och hindrar den från att överhettas, de håller jorden fuktig, de skyddar och bevarar viltet osv.

För att klara livets nödtorft är det inte fel att fälla träd eller att samla läkeväxter i skogarna. Däremot är det fel att hänsynslöst utnyttja och förstöra de värdefulla skogarna. Naturen vet hur den skall skydda och ta hand om sig själv. För närvarande exploaterar vi naturen under förevändningen att skydda och bevara den. Fåglar och djur lever lyckligt i skogen. Människan ensam är deras största fiende. Genom att förstöra naturen har människan blivit sin egen fiende. Hon vet inte att hon gräver sin egen grav när hon avverkar träden.

Vad finns det för samband mellan andliga övningar och att skydda naturen?

Amma: Våra skrifter säger: Isavasyam idam sarvam (Allting är uppfyllt av det Gudomliga Medvetande). Det är detta Medvetande som upprätthåller världen och alla dess varelser. Att vörda

Människan och Naturen

och att se Gud i allt och alla, är vad religionen råder oss till.

En sådan inställning lär oss att älska naturen. Ingen av oss skulle medvetet skada vår egen kropp, eftersom vi vet att det skulle vara smärtsamt. Därför kommer vi att känna andra människors smärta som vår egen, när insikten gryr inom oss att allt är besjälat av ett och samma Medvetande. Medkänslan kommer att väckas och vi kommer uppriktigt att vilja hjälpa och skydda allt. I det tillståndet kommer vi inte att vilja plocka ens ett blad i onödan. Vi kommer att plocka blommor endast på deras sista dag, innan de vissnar. Vi kommer att anse att det är mycket skadligt både för den enskilda växten och för naturen om blommorna, på grund av vår girighet, skulle plockas på sin allra första dag.

I forna tiders Indien hade varje hus ett andaktsrum för familjen. Folk brukade odla blommor i trädgården runt huset. Trädgården sköttes med hängivenhet och omsorg. Blommorna från dessa plantor, som var planterade och uppodlade av familjen med kärleksfull omsorg, offrades till Gud under andakt. Vad vi än får av naturen bör kärleksfullt återlämnas till den. Detta är symboliken bakom att offra blommor till Gud, och hjälper även till att öka vår gudshängivenhet. Andakt som utförs med koncentration hjälper till att minska tankeflödet och detta i sin tur renar sinnet.

Om man tillbringar tiden med att hänge sig åt världsliga handlingar, ökar oron i sinnet. När tankarna blir fler ökar också de mentala konflikterna. Det orsakar högt blodtryck och andra sjukdomar. Om en vara blir osåld i affären så förbrukas inte garantitiden. Det är först när vi börjar använda varan som garantitiden räknas. På samma sätt försvagas inte sinnets kraft så länge det inte finns några tankar.

För många år sedan fanns det på gården utanför varje hus en skog eller en träddunge med ett litet tempel. Skogen eller dungen bestod av mycket verksamma medicinalväxter, såsom banyan-, fikon- och bilvaträd. Andaktsrummet och skogen eller träddungen var den vanliga andaktsplatsen för hela familjen. I skymningen brukade familjen samlas i andaktsrummet för att recitera Guds eller Gudinnans namn, för att sjunga heliga sånger och för att be sina böner framför tända oljelampor. Den moderna vetenskapen har nyligen upptäckt att musik befrämjar ett hälsosamt växande hos träd och växter. Förutom den lycksalighet som hängiven sång skänker alla varelser om den framförs med kärlek, ger den också renhet och frid i våra sinnen. Vinden som silar genom lövverket hos medicinalträd och örter är också bra för vår hälsa. Röken både från den oljedränkta veken som brinner i oljelampan och det rena bivaxljuset dödar mikroorganismer i luften. Men framför allt återställer böner, om de framförs med koncentration, den förlorade harmonin i naturen.

Om man jämför en vanlig människa med en elektrisk lampa så kan en verklig *sadhak* (andlig aspirant) jämföras med en transformator. Genom att stilla sinnet och bevara energi, som annars skulle förskingras genom frosseri och sökande efter nöjen, väcker en *sadhak* upp den oändliga kraftkällan inom sig. Eftersom han eller hon själv varken har några sympatier eller antipatier, blir till och med hans eller hennes andedräkt välgörande för naturen. Precis som vatten renas genom ett filter är *tapasvins* (asketens) *prana* (livskraft) ett filter som renar naturen. Vid framställningen av vissa läkemedel använder ayurvediska läkare en särskild sorts natursten för att rena olja som har kokats tillsammans med medicinalörter. På ett liknande sätt kan en *tapasvis* rena livsenergi i sin tur rena naturen, genom att rätta till obalanser som människan har skapat.

Genom att se på naturen och betrakta dess osjälviska sätt att ge, kan vi bli medvetna om våra egna begränsningar. Detta kommer att hjälpa oss att utveckla gudshängivenhet och att överlämna oss själva till Gud. På det sättet hjälper naturen oss att komma närmare Gud och lär oss att uppriktigt dyrka Honom. I själva verket är naturen ingenting annat än Guds synliga form som vi kan se och uppleva genom våra sinnen. Genom att älska och tjäna naturen dyrkar vi faktiskt Gud själv.

Precis som naturen skapar gynnsamma omständigheter för att en kokosnöt ska kunna bli en kokospalm och för att ett frö skall kunna förvandlas till ett väldigt fruktträd, skapar naturen de nödvändiga omständigheter genom vilka den individuella själen kan nå Gud och sammansmälta med Honom i en evig förening.

En uppriktig sanningssökare eller en sant troende kan inte skada naturen, därför att hon ser naturen som Gud—hon upplever inte naturen som skild från sig själv. Hon är den verklige naturälskaren.

Amma skulle vilja säga, att en sann forskare verkligen måste älska—älska mänskligheten, älska hela skapelsen och älska livet.

Är det tillrådligt att ta kontakt med andliga mästare istället för att vi försöker lösa de nuvarande problemen själva, utan hjälp?

Amma: Experter kan hjälpa er att reda ut många av de problem ni möter i era yrkesverksamma liv. Det råder det ingen tvekan om. Men endast Guds kraft kan göra så att något verkligen sker. För att någonting överhuvudtaget skall ske behövs Nåd. Mänsklig ansträngning, som är en intellektuell produkt, kan bara ta oss till en viss punkt som den inte kan överskrida. Bortom denna punkt ligger Guds Nåds Rike. Våra gärningar kommer inte att bära frukt om vi inte lyckas öppna oss för detta rike som ligger utanför mänsklig räckvidd. Det bästa sättet att öppna sig för denna energi är genom att söka råd och välsignelse hos en sann andlig mästare. En sådan stor själ är själva källan till detta andliga rike. Denna andliga mästare är en outtömlig kraftkälla, själva förkroppsligandet av Guds Kraft och Nåd. Experter kan vara till hjälp, men de kan inte välsigna och ge Nåd. En expert kan också misslyckas med att få fram det rätta resultatet, men en sann andlig mästares ord och välsignelser misslyckas aldrig.

Titta aldrig bakåt och sörj. Se framåt och le. Vi bör utföra våra handlingar med största tillit och uppmärksamhet, men med en känsla av obundenhet. Detta är vad de andliga mästarna lär oss. Vad är det för nytta med att känna sig ledsen om en växt vi odlat vissnar bort? Plantera en ny utan att sörja den som har gått förlorad. Genom att grubbla över det förflutna blir människan svag i sinnet. Detta kommer att orsaka att alla hennes energier förslösas.

En mästares sinne är inte som våra sinnen, som endast jagar efter världsliga nöjen. Det är som ett träd som ger skugga och söta frukter även till dem som sågar sönder det. Fastän den vise, genom osjälviska handlingar, bränner ut sitt liv likt en rökelsesticka som ger sin väldoft åt andra till priset av sin egen existens, känner han eller hon en oerhörd lycka i att sprida kärlek och frid till alla i samhället.

Endast en sådan person kan leda oss andra, vilka är fulla av ego och bindningar, längs rättfärdighetens väg. Sådana visa personer är inte till för endast en individ, en viss kast, tro eller religiös inrikt-ning. De är till för hela världen, för hela mäns-kligheten.

Människan och Naturen

Endast genom kärlek och medkänsla är det möjligt att skydda och bevara naturen.
— Amma

www.ingramcontent.com/pod-product-compliance
Lightning Source LLC
Chambersburg PA
CBHW070630050426
42450CB00011B/3156